T0268505

EL TITANIC

ESTA EDICIÓN

Gerencia editorial de Oriel Square
Producido para DK por WonderLab Group LLC
Jennifer Emmett, Erica Green, Kate Hale, *fundadoras*

Edición Maya Myers; **Edición de fotografía** Nicole DiMella; **Dirección editorial** Rachel Houghton;
Diseño Project Design Company; **Investigación** Michelle Harris; **Revisión de textos en inglés** Lori Merritt;
Creación de índices en inglés Connie Binder; **Traducción** Isabel C. Mendoza;
Corrección de pruebas Carmen Orozco; **Lectura de sensibilidad** Ebonye Gussine Wilkins;
Especialista en lectura de la colección Dra. Jennifer Albro

Primera edición estadounidense, 2024
Publicado en Estados Unidos por DK Publishing, una división de Penguin Random House LLC
1745 Broadway, 20th Floor, New York, NY 10019

Un registro de catálogo de este libro está disponible en la Biblioteca del Congreso.
HC ISBN: 978-0-7440-9498-5
PB ISBN: 978-0-7440-9497-8

Los libros de DK están disponibles con descuentos especiales para compras al por mayor para promociones
especiales, regalos, recaudación de fondos o usos educativos. Para más información contacte a:
DK Publishing Special Markets, 1745 Broadway, 20th Floor, New York, NY 10019
SpecialSales@dk.com

Impreso en China

La editorial quisiera agradecer a las siguientes personas e instituciones
por el permiso para reproducir sus imágenes:
a=arriba; c=centro; b=abajo; i=izquierda; d=derecha; s=superior; f=fondo
Alamy Stock Photo: AJ Pics 44-45b, James Nesterwitz 40cdb, PictureLux / The Hollywood Archive / American
Pictorial Collection 43cdb, Shawshots 41si; **Bridgeman Images:** Jonathan Barry 15bd; **Dreamstime.com:** Andrea
La Corte 42-43s, Boyan Dimitrov 1, Halelujah 11cb, W.scott Mcgill 3cb; **Getty Images:** AFP 38-39s, AFP / Leon
Neal 22cib, Bettmann 35sd, John Parrot / Stocktrek Images 46b, David Paul Morris 41cd, Pictures from History /
Universal Images Group 44cia, Roger Viollet 4-5; **Getty Images / iStock:** Nerthuz 7ci; **National Museum of the
U.S. Navy:** 36bd; **NOAA:** Lori Johnston, RMS Titanic Expedition 2003 39cd; **Science Photo Library:** NOAA 37;
Shutterstock.com: 365 Focus Photography 42bd, Everett Collection 13sd, 27sd, 42ci, Dimitrios Karamitros 6–7b,
Solent News 33cdb

Imágenes de cubierta: *Frontal:* **Alamy Stock Photo:** Album; **Dreamstime.com:** Vitalez1988 (fondo);
Contracubierta: **Science Photo Library:** Patrick Landmann cda
Todas las demás imágenes © Dorling Kindersley
Para más información, visita www.dk.imagenes.com

www.dk.com

MIX
Paper | Supporting
responsible forestry
FSC™ C018179
www.fsc.org

Este libro se ha impreso con papel certificado por
el Forest Stewardship Council™ como parte del
compromiso de DK por un futuro sostenible.
Para más información, visita
www.dk.com/uk/information/sustainability

Nivel 3

EL TITANIC

Caryn Jenner y Angela Modany

Contenido

Un destino trágico

Cuando el nuevo y lujoso trasatlántico *Titanic* inició su viaje a través del océano Atlántico, en 1912, había sido publicitado como un barco "insumergible". Su casco tenía un diseño especial, con múltiples compartimientos herméticos. Los ingenieros creían que si uno de ellos se llenaba de agua, esta no pasaría hacia los demás.

Océano Atlántico 14 de abril de 1912: El *Titanic* choca con un iceberg en el océano Atlántico Norte. Casi tres horas después, en la madrugada del 15 de abril, se hunde por completo.

Ciudad de Nueva York, EE. UU. 18 de abril de 1912: Los sobrevivientes llegan a América.

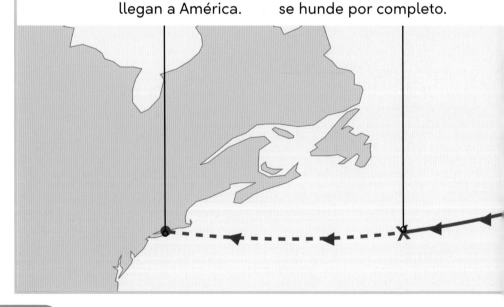

Sin embargo, el primer viaje del *Titanic* sería su único viaje. Menos de la mitad de sus pasajeros sobrevivieron al naufragio del barco.

La familia que vas a conocer en breve es imaginaria, pero sus experiencias se basan en los relatos de sobrevivientes reales.

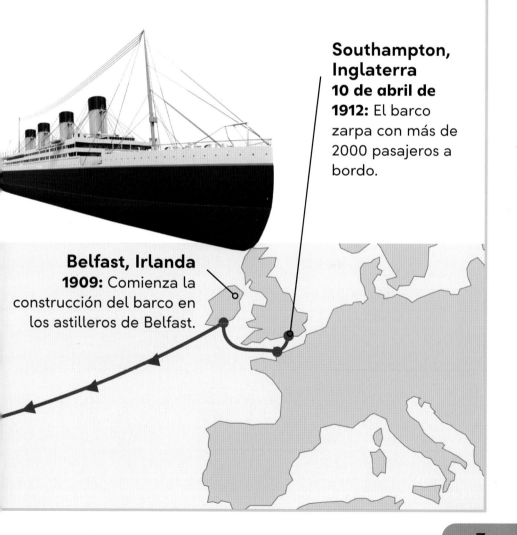

Southampton, Inglaterra
10 de abril de 1912: El barco zarpa con más de 2000 pasajeros a bordo.

Belfast, Irlanda
1909: Comienza la construcción del barco en los astilleros de Belfast.

Una familia comienza el viaje

Will Tate miró hacia el mar, y sonrió. Él y su familia navegaban por el océano Atlántico rumbo a América a bordo de un barco nuevo: el *Titanic*. ¡Qué aventura!

—El *Titanic* es el barco más grande del mundo —le dijo Will a Lucy, su hermana menor.

—Ya lo sé —dijo ella, indignada—. Me gustaría que pudiéramos subir. ¡Quiero ver todos los vestidos elegantes!

Lujos para pocos

El *Titanic* ofrecía muchos lujos para sus pasajeros más adinerados, incluyendo una piscina, una barbería y un restaurante elegante. Las habitaciones de primera clase eran *suites* privadas, y estaban en la planta más alta. Las de segunda clase eran un poco menos lujosas. La sección de tercera clase, en los niveles más bajos, era la menos costosa. Allí, las habitaciones eran sencillas, pero cómodas.

Una noche, Will estaba acostado en su camarote, escuchando el zumbido de los motores del barco.

—Pronto iniciaremos una nueva vida en Estados Unidos —susurró la madre.

A Will le había entristecido tener que dejar su hogar en Inglaterra, pero se emocionaba al pensar en las aventuras que los esperaban en el nuevo continente. Sonrió y se arropó bien con la manta.

De repente, Will sintió una fuerte sacudida y escuchó como si algo rasguñara el barco por un costado. Por poco se cae del camarote.

Barco de correos

El nombre oficial del famoso barco era *R.M.S. Titanic*. R.M.S. son las siglas en inglés de Barco de Correo Real. El *Titanic* llevaba 3364 bolsas de correo y cinco empleados del correo a bordo. Ninguno de ellos sobrevivió al naufragio, y todo el correo se perdió.

¡Un iceberg!

Will y su padre se vistieron y salieron de su camarote para ver qué era lo que había pasado. En la cubierta de tercera clase, unos pasajeros jugaban fútbol con trozos de hielo. Nadie se veía preocupado. Will pateó un trozo de hielo que le pasó por el lado a otro niño de su edad.

—¡Gol! —celebró su padre.

Entonces, un empleado del barco los interrumpió:

—El barco ha chocado con un iceberg. No hay peligro, pero todos deben ponerse un chaleco salvavidas.

Will y su padre regresaron rápido a su camarote para contarles lo sucedido a la madre y a Lucy.

Colisión

Cuando el *Titanic* chocó con el iceberg, se le rompió el casco, y el fondo del barco comenzó a inundarse de agua.

—¿Para qué es esto? —preguntó Lucy, frotándose los ojos, mientras se ponía el chaleco salvavidas.

—Te servirá para flotar en el agua —le dijo Will—. Es por si acaso.

Una luz brillante salió disparada hacia el cielo nocturno. Se escuchó un fuerte estallido, ¡BUUUM!, como el de los fuegos artificiales.

—Es una señal de emergencia —dijo el padre—. Y allí hay un bote salvavidas. ¡El barco debe tener algún problema!

En peligro

El *Titanic* usó un telégrafo sin hilos para enviar señales de emergencia a otros barcos cercanos. También usó cohetes. Para enviar señales de emergencia, un barco debía lanzar un cohete cada minuto. El *Titanic* solo lanzó ocho cohetes, y entre cada uno pasó más de un minuto. Otros barcos que vieron los cohetes quizás no entendieron que se trataba de una emergencia.

A los botes salvavidas

—Los botes salvavidas están en el nivel superior —dijo el padre, dirigiéndose hacia las escaleras.

—¡Por aquí! —gritó la madre.

El interior del barco parecía un enorme laberinto. Chorros de agua inundaban los pasillos por donde corría la familia.

Las cubiertas inferiores

A medida que se entraba el agua, la tripulación del barco se fue olvidando de los pasajeros de tercera clase, en los niveles más bajos. Estaban concentrados en ayudar a los que estaban más cerca, y en salvarse a sí mismos.

Cuando el barco comenzó a voltearse, el suelo se inclinó, y Will ya no pudo caminar derecho. Con una mano, se sujetó de la baranda de madera. Con la otra, jaló a Lucy para ayudarla a subir por la gran escalera. Por fin llegaron a la cubierta superior.

—¡El barco se hunde! —gritó un pasajero, asustado.

—El *Titanic* es insumergible —dijo alguien con voz serena.

La familia se apresuró hacia los botes salvavidas. Insumergible o no, el barco tenía problemas, así que no pensaban arriesgarse.

—Mujeres y niños primero —anunció un oficial del barco al ver que los pasajeros se peleaban por subir a los botes salvavidas.

El orden para el embarque

El capitán del *Titanic* les dijo a los pasajeros que las mujeres y los niños se embarcarían en los botes salvavidas antes que los hombres. No todos los capitanes hacían cumplir esta norma.

—No me iré sin ti, Tom —le dijo la madre al padre.

—No, Jean. Tienes que irte. Cuida a los niños —le dijo el padre, sacudiendo la cabeza.

La madre le dio un beso, y subió al bote con Lucy. Ahora, era el turno de Will.

—¡Sube al bote, Will! —gritó la madre.

—¡Dale! —gritó Lucy.

Will estaba aterrorizado, pero no concebía la idea de abandonar a su padre.

—Me quedo con Papá —dijo.

—Will, tienes que irte con tu madre y tu hermana —dijo el padre. Pero ya era demasiado tarde. El oficial del barco había comenzado a bajar el bote hacia el mar.

—¡Búscanos! —gritó la madre.

Y Will prometió que lo haría.

No lo suficiente

El *Titanic* solo tenía veinte botes salvavidas, que tan solo alcanzaban para embarcar a la mitad de los pasajeros y la tripulación. En el barco había espacio para más botes, pero decidieron no poner más para que la cubierta quedara más espaciosa. A pesar de que no había suficientes botes, muchos no se llenaron hasta su máxima capacidad. La tripulación no había sido entrenada para llenar los botes, y temían que no fueran lo suficientemente fuertes para resistir el peso de la gente que se suponía que podía embarcarse.

La cantidad de botes disponibles se redujo muy rápido. Se escuchaban gritos de terror de la muchedumbre que empujaba y forcejeaba para poder subir a los botes. Will sintió la mano de su padre sobre el hombro. Luego, el padre empujó a Will en medio de la multitud, ¡hasta que logró meterlo en un bote! El bote se balanceaba a medida que bajaba hacia el mar. Will levantó la vista hacia el *Titanic*.

—¡Te encontraré, hijo! —dijo el padre, despidiéndose con la mano.

El chaleco salvavidas del *Titanic*

Los sobrevivientes del *Titanic* que fueron rescatados por el *Carpathia* llevaban puestos chalecos salvavidas como este.

Normas sobre los botes salvavidas

Desde el desastre del *Titanic*, los barcos deben llevar suficientes botes salvavidas para toda la gente a bordo. También es obligatorio realizar simulacros de seguridad con los botes.

Se hundió el "insumergible"

Mientras Will ayudaba a remar su bote para alejarlo del *Titanic*, el gran trasatlántico se inclinó hacia adelante produciendo un fuerte crujido. Algunas personas se aferraron a las barandas. Otras saltaron desde las cubiertas.

Músicos valientes

Ocho músicos componían la banda del *Titanic*, que tocaba para los pasajeros de primera clase. La banda tocó para calmar a los pasajeros hasta que el barco se hundió. Ninguno de los músicos sobrevivió. En Australia e Inglaterra se hicieron monumentos en honor a su valentía.

—¡Tengo que salvar a mi padre! —gritó Will. Quería regresar a donde estaba el barco hundiéndose.

La gente que iba con él lo detuvo. Necesitaban alejarse lo más que pudieran, de lo contrario, podrían ser engullidos por la fuerza de succión del barco.

El *Titanic* desapareció por completo dentro del agua. Aunque Will sabía que nadie podría sobrevivir la glacial temperatura del agua, estaba seguro de que su padre se salvaría.

Los botes salvavidas avanzaron juntos a la deriva, y a algunos los unieron con cuerdas.

Will buscaba con desespero a su madre y a Lucy en los otros botes, cuando escuchó una voz familiar.

El naufragio

El frente del *Titanic* se hundió primero. Casi tres horas después de haber chocado con el iceberg, el *Titanic* se hundió por completo en el mar.

—¡Will! —era la madre, que ayudaba a remar uno de los otros botes. Con cuidado, Will se pasó al otro bote, y se apiñó junto a su hermana.

Lucy estaba tiritando, y Will la abrazó.

—¿Dónde está Papá? —preguntó ella.

—No lo sé, pero estoy seguro de que está bien —dijo Will. El aire frío hacía ver su aliento como nubes de niebla.

Los botes avanzaron a la deriva durante un buen rato. Por fin, Will vio una luz en la distancia: ¡un barco de rescate! Todos gritaron de alegría.

Tranquilo y frío

La noche en que se hundió el *Titanic*, el océano Atlántico Norte estaba tranquilo y frío. Como no había viento, no había olas. Los expertos creen que la temperatura del agua era de unos 28 °F (-2 °C), una temperatura mortal para cualquier humano. Además, el área estaba llena de icebergs y banquisa.

El rescate

Ya se acercaba el amanecer cuando el barco de rescate, el *Carpathia*, llegó donde estaban los sobrevivientes. Will y su madre treparon por una escalera de cuerda, sujetándose con fuerza, pues la brisa la balanceaba. La tripulación del barco de rescate subió a Lucy y a otros niños usando una bolsa de correos. Tenían frío, hambre y cansancio. Pero lo más importante ahora era encontrar al padre.

El barco de rescate

El *Carpathia* escuchó las llamadas de emergencia del *Titanic* en la mitad de la noche.
El barco dio la vuelta y comenzó a navegar en dirección al *Titanic*. El capitán hizo todo lo que estuvo a su alcance para avanzar a la mayor velocidad posible. Pero ya era tarde para salvar a muchos de los pasajeros.

Desde la barandilla, Will echó un vistazo entre los sobrevivientes.

—¡Mírenlo! —gritó. Su padre estaba en un bote, junto a una mujer que llevaba un bebé.

—¡Papá! ¡Papá! —gritó Lucy.

El padre subió al barco, tropezándose, y corrió por la cubierta a donde estaba su familia.

—De un salto me subí al último bote —dijo, jadeando, y abrazó a su esposa—. Me alegra mucho verlos.

El sobreviviente más pequeño

Millvina Dean, de tan solo nueve semanas de nacida, fue el sobreviviente más joven del *Titanic*. Ella, su hermano y su madre lograron subir a un bote salvavidas, y fueron rescatados por el *Carpathia*. Millvina llegó a los 97 años de edad, y fue el último sobreviviente en morir.

El *Carpathia* llegó a Estados Unidos tres días después. Will y su familia observaban desde la cubierta mientras el barco atracaba en la bahía de Nueva York.

—Se perdieron muchas vidas —dijo el padre con tristeza.

—Tuvimos mucha suerte —dijo la madre.

Will y Lucy estuvieron de acuerdo.

Después del *Titanic*

De los más de 2000 pasajeros del *Titanic*, solo sobrevivieron un poco más de 700. Después de este desastre, se hicieron cambios en muchas leyes para velar por la seguridad de pasajeros y tripulaciones. Una de estas dice que el radio de los barcos tiene que estar monitoreado todo el tiempo. Un barco que estaba cerca del *Titanic* no recibió sus señales de emergencia porque el operador del radio sin hilos se había ido a dormir. Ahora, una señal de emergencia no puede pasar desapercibida.

El descubrimiento

El 1.° de septiembre de 1985, el *Titanic* fue visto por primera vez en setenta y tres años. Dos grupos de científicos, entre los que estaba el oceanógrafo Robert Ballard, encontró los restos usando un robot submarino provisto de una cámara. Buscaron en el área desde donde sabían que el *Titanic* había enviado sus últimas señales de emergencia.

Una misión secreta

Años después del descubrimiento de los restos del *Titanic*, Robert Ballard reveló que en aquel momento estaba realizando una misión secreta para la Armada de EE. UU. Antes de comenzar a buscar el *Titanic*, había encontrado los restos de dos submarinos.

Una cámara robótica explora los restos del *Titanic* en 2004.

Esta foto de los restos del *Titanic*, de 1987, muestra platos que se usaban para el desayuno.

El *Titanic* estaba sobre el suelo marino, a más de dos millas de profundidad. Cuando se hundió, se rompió en dos partes: la proa, o la parte delantera, y la popa, o la parte posterior. Alrededor de los restos del barco había objetos que iban en el interior, como muebles y platos. Científicos y exploradores estudiaron los restos para aprender más sobre lo sucedido la noche del naufragio.

Oxidolactitas

Los restos del *Titanic* están cubiertos de carámbanos de óxido llamados oxidolactitas. En ellas viven bacterias que poco a poco se han ido comiendo el barco. Un día, ya no quedará nada del *Titanic*. En las oxidolactitas se ha descubierto una nueva especie de bacterias que recibió el nombre de *Halomonas titanicae*, en honor al *Titanic*.

En 2022, unos científicos usaron robots submarinos para tomar más de 700 000 fotos de los restos del *Titanic*. Ensamblaron todas las imágenes para crear un modelo digital en 3D del trasatlántico que se puede explorar sin necesidad de bajar hasta el fondo del océano.

Fragmentos de la historia

Un artefacto es un objeto que ha quedado de una época, lugar o suceso histórico. Los artefactos del *Titanic* cuentan la historia del barco y de sus pasajeros y miembros de la tripulación.

Algunos artefactos se tomaron del lugar del naufragio, en 1912. Se trata de cosas que las personas llevaban cuando huyeron, como ropa, pertenencias y recuerdos del barco. En este grupo también se incluyen objetos que se encontraron flotando en el agua durante el rescate de los sobrevivientes.

Silla de cubierta
Esta silla de la cubierta del Titanic se encontró flotando en el agua luego del naufragio. Los pasajeros se sentaban en estas sillas para tomar el aire.

Menú de almuerzo de primera clase

Uno de los pasajeros de primera clase se llevó este menú de almuerzo al abordar uno de los botes salvavidas. Es el menú del último almuerzo que se sirvió en el restaurante antes del naufragio.

Trozo del casco del *Titanic*

La pieza más grande que se ha sacado del sitio del naufragio es un trozo del casco. Pesa quince toneladas, más que dos elefantes.

Otros artefactos se tomaron del sitio del naufragio años después. Sin embargo, muchos exploradores e investigadores piensan que no está bien llevarse cosas encontradas en el sitio de un naufragio. Prefieren tomar fotos o videos de los restos para estudiarlos.

Para recordar el *Titanic*

El *Titanic* es uno de los barcos más famosos de la historia. Se han construido monumentos en honor al trasatlántico y a sus pasajeros para asegurar que no se olviden.

En Southampton, Inglaterra, donde el *Titanic* comenzó el viaje, hay un monumento en el muelle donde los pasajeros abordaron el barco. Otro monumento recuerda a los músicos del *Titanic*.

Los sobrevivientes del *Titanic* llegaron al muelle 54 de la ciudad de Nueva York. Un arco del viejo edificio del muelle sigue allí, y ahora es parte de un parque.

En Belfast, donde se construyó el barco, hay un museo y un monumento en honor al lugar donde el "insumergible" *Titanic* entró al agua por primera vez.

Música, películas y libros

El *Titanic* también es recordado a través de palabras, canciones y películas. Se han compuesto más de quinientas canciones inspiradas en el barco. Innumerables libros y películas cuentan la historia del *Titanic* y la noche en la que naufragó. El *Titanic* y sus pasajeros también son recordados sobre el escenario, en un musical y una ópera.

Barcos hermanos

El *Titanic* tenía dos barcos hermanos: el *Olympic* y el *Britannic*. Se consideraban hermanos porque los tres fueron construidos a partir de los mismos planos. El *Olympic* transportó soldados durante la Primera Guerra Mundial. Después de la guerra, se convirtió en un barco de pasajeros. El *Britannic* se utilizó como hospital naval durante la guerra. En 1916, chocó con una bomba submarina y naufragó.

Lo que queda del barco en el fondo del mar también está protegido. En 2012, el *Titanic* comenzó a recibir protección en virtud de un tratado internacional que cubre artefactos y lugares submarinos de importancia cultural. Para recibir la protección que otorga el tratado, los restos de un barco tienen que haber estado sumergidos durante cien años.

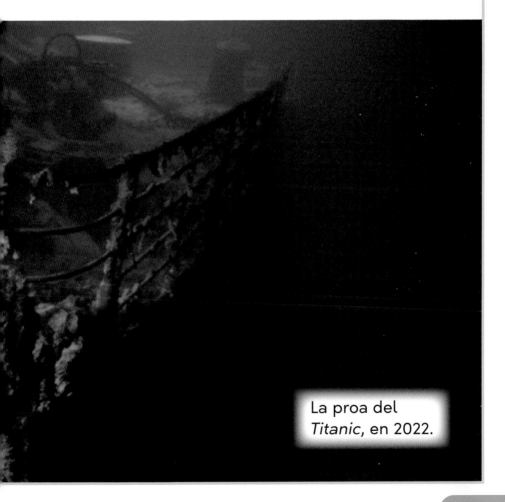

La proa del *Titanic*, en 2022.

Glosario

artefacto
Un objeto que ha quedado de una época, lugar o suceso histórico

bacterias
Organismos diminutos que viven en el agua, el suelo, las plantas y los animales

casco
La parte de un barco que queda dentro del agua

emergencia
Situación de peligro que requiere acción inmediata

iceberg
Enorme trozo de hielo flotante que se desprendió de un glaciar

lujo
Algo que proporciona placer o comodidad, pero que no es necesario

monumento
Obra de arte que sirve para recordar a una persona o un suceso

oceanógrafo
Científico que estudia el océano

pasajero
Persona que va en un vehículo

popa
La parte posterior de un barco

proa
La parte delantera de un barco

sobreviviente
Persona que todavía está viva después de un suceso mortal o traumático

telégrafo
Dispositivo que usa señales para enviar mensajes a larga distancia

tripulación
Conjunto de empleados de un barco, un tren o un avión que se encargan de su funcionamiento y de atender a los pasajeros

Índice

Prueba

Responde las preguntas para saber cuánto aprendiste. Verifica tus respuestas con un adulto.

1. ¿Dónde comenzó el *Titanic* su primer y único viaje?

2. ¿Cuántas personas iban a bordo del barco?

3. ¿De qué país estaba emigrando la familia de Will Tate?

4. En el nombre R.M.S. *Titanic*, ¿qué significa R.M.S.?

5. ¿De qué cosa no tenía el *Titanic* una cantidad suficiente?

6. ¿Aproximadamente cuánta gente sobrevivió al naufragio del *Titanic*?

7. ¿Cómo se llamaba el barco que rescató a los sobrevivientes del *Titanic*?

8. ¿En qué año se descubrieron los restos del *Titanic*?

1. En Southampton, Inglaterra 2. Más de 2000 3. Inglaterra
4. Son las siglas en inglés de Barco de Correo Real 5. Botes salvavidas 6. 700 7. El *Carpathia* 8. En 1985